만남의 강

유나영 시집

국립중앙도서관 출판예정도서목록(CIP)

만남의 강 : 유나영 시집 / 지은이: 유나영. -- 서울 : 들꽃
, 2017
p. ; cm. -- (들꽃시선 ; 135)

ISBN 978-89-6143-199-6 03810 : ₩8000

한국 현대시[韓國現代詩]

811.7-KDC6
895.715-DDC23 CIP2017022727

들꽃시선 135
만남의 강

지은이/유나영
펴낸이/문창길
초판인쇄/2017년 09월 25일
초판펴냄/2017년 09월 30일
펴낸곳/도서출판 들꽃
주 소/100-273 서울 중구 서애로 27(필동3가) 서울캐피탈빌딩 B202호
전 화/02)2267-6833, 2273-1506
팩 스/02)2268-7067
출판등록/제2-0313호
E-mail:dlkot108@hanmail.net

값 8,000원
* 파본된 책은 바꾸어 드립니다.

ISBN 978-89-6143-199-6 03810

들꽃시선 135

만남의 강

유나영 시집

| 자서 |

고향의 그리움을 늘어뜨리면 그 거리가 얼마나 될까
그렇게 물어보면서 그리움으로 산책을 하고 있다
꽃 같은 정의 숨결
그 숨결에 묻혀
그리움의 정을 좇아 이 시집을 내게 되었다

2017년 여름에
유나영

| 만남의 강 |

차례

| 만남의 강 |

제2부 빈 집 울타리

제3부 바다가 맞닿은 강가에서

제4부 산에 오르며

제 1 부

고향의 자리

격동의 세월

격동의 세월
우리들의 시름은
그 시절의
그리움으로 남아 있습니다
찔레꽃 희게 지핀 물가 강이랑에
안개 자욱이 젖어
우리들 이상의 세월은 물에 끼어
바람에도 나부낀 지 오래입니다

회전목마처럼 흔들리는 세월은
무수한 이야기를 엮어 놓고
시름겨운 자리
기막힌 삶의 난간에 이르러서
밤별을 연모하고 있습니다
어차피 허구의 날을 훔치면서
밤 깊은 명상으로 아파해야 하지만
얼마큼 세월 지난 자리에서
격동의 삶을 묻고

나와 우리들의 삶의
눈물겨운 사랑을 불러야 합니까
나는 막 격동의 시절 그 사랑을 부르고 있습니다

망초꽃

옛날이 그리운 자리에
버림받은 이야기 기리면서
망초꽃이 유월의 뜰을 키우고 있다

범람하는 것
아픔인데
풀숲은 옛일을 이르고
모든 것 놓쳐버린 세월의 뒤란에서
꽃은 하얗게 지펴
우리들 삶의 원시를 가꾸고 있다

원래 정은 외로운 자리에서 빛나는 것
무심으로 솟구치면서 그리움으로 아픈 것

빈 땅 흙먼지에 채인
망초꽃
쓸쓸한 자태로 꼿꼿하고
바람이라도 솟구치면

만났다 헤어지는 사람이
뒤돌아서면서
손 흔드는 것과 같이
끝내는 미련에 떨고 있다

동심의 자리

우리들의 꿈은
푸른 비상을 위한 날갯짓이었다
떠오르는 것
수 천 개의 형체가 솟구치면서
전설의 마당 깊숙이 속삭이는
아마도 봉숭화 꽃빛으로 속삭이는
빛 무더기였다

모두가 그랬듯이
결코 잊지 못한 자리에서 맴도는
사랑으로 사무치는 자리
느끼면 감미롭게 배인 풀잎의 향기와
다정한 숨결과
너와 나의 힘줄기의 청청한 비상과
숙명처럼 맞잡아 지핀 불꽃의 승화였다

지향도
지표도 함께 참 곱게 빛나는

우리들의 요람이었다
휩쓸려서 아름다운 정의 풍습이
도란거리는
여명에 차오르는 빛갈기였다

산정에 오르면서

빼앗긴 세월이 하도 그리워
이 산정을 오르고 있습니다
싸리꽃 지핀 오솔길
솔향기 묻은 길
정이 희끗희끗 배인 길이라
길 따라
산정에 오르고 있습니다

울부짖으면서
획득할 게 무엇인지
잃은 것
찾아야 할 게 무엇인지 물으면서
안개 지펴 가물대는 것
되물으면서
나는 산정에 오르고 있습니다

가다가 뒹구는 이야기 주워서
만지작거리고

속삭이는 정의 이삭 주우면서
산정에 오르고 있습니다

폐가에서

어느 폐가 마루 밑에
짝 잃은 고무신 한 짝이
먼지와 함께
지나간 세월을 끌어안고 있다

분명 한 시절을 담은 찌꺼기일 텐데
고모가 아껴 왔던 고무신일까
고샅길 둘러 왔다 아껴 벗어 놓은
고무신
먼지에 묻혀서 쥐의 보금자리가 되었을까

아무렇지도 않게 시절을 묻으며
고무신은 녹슨 세월을 껴안았고
사립 밖 몇 그루 거목이 널브러진
폐가의 문전은
사람의 숨결을 잃은 지 오래인데
깔따구가 저녁놀 타고 몰리어 들고
밀쳐진 마루 귀밑머리에
고무신 한 짝이 무심으로 놓여 있다

오래 묻어난 이야기

나는 여기서 영원한 걸
말하기 위한 것이 아니라
영원 할 수밖에 없는 그리움을 들고
눈물을 맑게 다듬고자 하는 것입니다

적요가 탑처럼 쌓인 밤의 이랑에
물밀 듯이 밀리어 온
내 삶의 간절함을 위하여
숙명으로 다가선 언어를 가꾸자는 것입니다

수월히 밀리었다가
그렇게 사그라지는 차마 버릴 수
없는 이야기들을 주워 모아
풀피리라도 엮어
부르고 싶은 자리인 것입니다

그리움의 노래

우울한 날에 산책을 하는 것은
잃어버린 날의 꿈을 줍기 위한 것이다

묻어 놓은 그리움이라던가
노을이 성큼 다가서는 날에
휘파람이라도 불고 올 바람 곁에서
질척거리는 세월은
사랑을 줍기 위한 것이다

쉬임없이 달려왔다
가버린 사랑이
프리즘을 걸치고 찾아올까
조바심 대면서
그렇게 기웃거리며
지나간 날의 그리움을 줍기 위한 것이다

바닷가에서

바람이 분다
바람을 품에 안고
어부들 뱃전에서 뱃노래 한다

따뜻한 삶을 맞고자
꿈과 노래
사랑으로 어루고자
한 그루의 삶을 감아 조이면서
눈물보다 진한 바람과 같이
바다에 간다

잔잔한 빛의 능선
까마득한 빛살 끌어안으면서
뱃전에 앉아
바람과 같이 노래한다

이런 일 저런 일

내 어린 시절
상여가 지나가는 걸 보고
나는 퍽 많이 울었다

한 여름 잠 못 드는 밤에
멍석 깔아 놓고
모깃불 지핀 자리가 그리워서
나는 못내 외로워 울었다

이웃 아저씨의 덕지덕지 때가 낀
대나무 퉁소가
문득 마음에 걸려
나는 못내 그리웠다

세월 간 자리 난간에 기대어
나는 무엇을 산장해 놓고
가슴 조여야 할까
개천의 물소리 따라

나는 손에 잡힐 것이 있을까 싶어
끝없이 걸으면서 울었다

강촌에 살자

달이 물가에 닿아 어울리고
풀이 인기척하면
동백나무 숲으로 둘러 있는
저기 강촌에 살자

송사리떼 개울물 따라
시절 간 자리에 놀고
나무 등져 누워 있는 자리
그 의자에 앉아 놀
강촌에 살자

물장구치며 뛰어 놀고
질척거리는 오욕의 늪에서 빠져 나와
저 자연의 꽃밭에 뛰어 놀 강촌에 가
강촌에 살자

그윽한 삶을 가꾸기 위하여
친구의 한들거리는 걸음을 만나기 위하여
거기 강촌에 가서 강촌에 살자

유년의 거리

내 유년의 거리에는
언제나 황소가 울어 주었던 집이 있었다
닭 울음소리가 여울지고
까맣게 그을린
울 엄마의 얼굴이 같이 있었다

봄이면 논갈이로 먼지가 나부끼고
여름이면 이웃집 아저씨의 낮잠 자는
모습이 놓여 있었다

내 유년의 거리가 자주 꿈에 젖어
나는 동네를 휘젓고 다니면서
삘기를 뽑는 일이거나
허기진 내 스스로의 모습이 거기 있었다

내가 잊어버린 이야기
기억에도 새록새록 돋은 이른 아침
아이들의 쉰 목소리가 그리운데
그 아이들의 정든 목소리를 나는 들을 수 없었다

기억 속에서

물줄기처럼
그렇게 시간은 가게 되는데
기억은 홍보석처럼 반짝이면서
꽃 비늘이거나
그리움으로
사랑을 호소하고 있었다

바위에 둘러앉은 풀이파리가
바람에 젖어
세월 가는 이랑에서 울고 있듯이
사랑도
어디쯤 흘러가다가 부딪혀 오고 있었다

기억이 번성한 잡풀처럼
무심하게 자라고
그리운 날만 남겨 놓고 헤어진 사람
영원의 둘레를 벗어날 수 없어서
움츠리면서 떨어 대고 있었다

꽃길에 가자

그렇게 하자
삶이 꽃피 듯이 고운이랑 가꾸기에
힘이 겨우면
직접 꽃이 피는 꽃길을 가 보기로 하자

한두 잎 숨어서 노동하는
잎들과
또 가지와
새들의 앉은 자리의 평원을
꽃길 가다가 만나보기로 하자

얽매이는 삶을 풀어
물에라도 헹구어 내고

무능한 삶에 대해
매질이라도 하기 위한 작업을 서둘기 위해
분명 있을 것 같은
삶의 자리 채색하기 위하여
꽃길에 가자

어느 촌락에서 · 1

누가 부르는 소리
아마 오라는 걸까

아득한 날 이야기는 가랑잎 부서지듯
흩뿌리고
어느 곳 하나 남아 있지 않고
공허함 띄우면서
누가 소리 지르는가
지껄일까

친구의 속삭임마저 화석이 된 자리
슬픔만
가랑잎처럼 내리고 젖어서
뜰 맞아 풀잎이사
버들피리처럼 울부짖는데

빈자리
어느 영혼의 넋살로 돋아서

벌레가 울면서
노래일까
오라는 손짓일까
그런 소리만 번지고 있다

어느 촌락에서 · 2

송아지 우는 소리가 그리워서
이 고향의 촌락에 와
사랑을 묻고 있습니다

풀 향기와
보리밭 골골마다 묻힌 사람들의 냄새와
개구리 울음과 같이
내 어린 시절의 꿈을 주우러 왔습니다

개울물 소리 칠월 한낮을 달래고
매미의 간드러진 울음소리 따라
길을 서둘러 보면
그 상흔의 높이에
사랑이 놀고
밤이면 풀피리 빈 뜰을 다스리는
고향의 촌락
정든 날의 이야기 줍고자 왔습니다

강가에서

만경강에 가면
짠물이
노동자의 살갗에 묻혀 있지만
우리의 세월도
짠물을
잊고 살아온 지 오래이다

강둑으로 줄져 있는
돌 의자에 앉아
갈매기 울음 묻은 세월도 묻고
고동치면서 녹아내린
그 강가에서
달이 차갑게 젖어 오는 자릴 묻는데
다만 쓸쓸한 바람이 분다

얼마나 사무친 날이 까닭 없이
여기서 소근대는가
물고기의 하얀 배떼기처럼

희게 바랜 강에
달은 떠오르는데
다만 차가운 바람이 분다

호수의 숲에서

어느 호숫가 숲 그늘이
구름과 같이
거꾸로 걷고 있다

산 고랑으로 숨어서 흐르는
뻐꾹새 울음이
산길을 밝히고

까맣게 그을린 사람은
뻐꾸기 울음과
호숫가 숲이 키우고 있다

만날 수 있어야 하는 것들
노래로 피워 내고
마주쳐야 할 꿈마저 묻혀버린
저 수직의 환상
정직한 몸짓은 이미 없다

기억의 울타리
선명한 빛 무더기 끄셔 보지만
호수의 숲 그늘이 그러듯이
바로 된 길이 없다

봄꽃 피던 날

가지마다
봄꽃 하얗게 돋아

아이들의 총명한 눈짓과
아이들의 이마와
저 시골학교 둘레 동구나무 이파리
세월 불러놓고

다래가 익는 산마루
흘러서
노래로 남아 있겠는데

환상처럼 갇혀 버린
오래된 날의
꽃밭에 달이 뜬다

우루루 몰려와 소리 지르는
아이들 평화의 노래가

봄꽃 가지에 젖어
하얗게 물오르고 있었다

들꽃 하나에서

길 가다 만난 들꽃 한 잎이
내 발길을 멈추게 하면서
옛 일을 일러주고 있었습니다

우물가이던가
그 물가를 돌아서면
내 어머니의 가난한 시절을 보고하고 있었습니다

바람이 불고 있네요
물기슭에 은빛 출렁이며
세월 감아 흐느끼고
아주 오래 잊어버린 시절이
길 가다 만난 들꽃 하나가 일러오고 있었습니다

사랑은 남아서 묻어난 풀잎에도 떨고
참으로 많은 것 지나가고
나는 무심으로 떨고 있는 들꽃 하나를
바라보고 있었습니다

고향의 자리

아무 것도
그 무엇도 바라지 않는
거기가 내 고향이거니
사랑의 손으로 얼싸 안은
거기사 내 삶의 터이거니
아무 것을
묻지 않아도 정으로 사무치는 곳

밭두렁으로 열진 복사나무 끝으로
꽃피우고
바람이라도 어루면서 걷게 되면
지루하지 않는 사랑이 있다

시처럼 고운 정서 꿰 차고
득실거리는 물소리랑
돌멩이 구르는 자리
동화의 꽃도 피우는 곳

소록히 피어오르는 봄 너울의 향기
밭이랑으로 산딸기
오색 빛 무늬 띄워
정말 아무 것도 묻지 않고
그냥 좋아라 얼싸 안는 곳

한 번은 그 허물마저 되울리겠지
남 눌레 사철나무 한 두름
그리움 걸게 되고
그 무엇도 바라지 않지만
한 줌 사랑으로 지새우는 곳

제 2 부

빈 집 울타리

달은 간다

달은
서운한 표정으로 산 고개 넘고
지붕 이음새 사이로
박꽃은 조용히 꽃피우는데
가을은 그렇게 간다

버릇처럼 외로움을 토하는
이름 없는 풀들과
만나자 작별의 노래로 바쁜
회오리바람과
세월은 신음을 토하면서 간다

어디에서 만나자고 약속해두고
꼭 기다리는 달빛이
제 시름으로 버릇처럼 머물다
가을의 들녘을 지나서 간다

빈 집 울타리

빈 집 울타리에
으름 한 그루의 넝쿨이 자라고 있었다
봄비를 맞으며
바람마저 맞으면서
꽃을 피우고
주인 잃은 집 으름넝쿨에 모여든
벌떼며
나비며
이 자리에 지나간 날의 이야기까지
울타리에 널어놓고 있었다
잡풀은 밭고랑에 넘치고
누가 뿌린 씨앗이었는지 모르는
으름 한 그루의 넝쿨에
봄은 싱그러이 피어오르고
봄밭의 햇살이 평화로이 지피고
빈 집 울타리에
으름 넝쿨이 꽃 피우면서 오르고 있었다

세월의 강

시골학교 교정에 반딧불이
밤기슭에 모여들고
들녘으로 휘감아 흐르는 강물은
갯벌과 같이 파도치면서
넘나들고 있다

환상에 갇혀버린 세월을 물고
해오라기 울음 물든 강기슭
막 지평을 가로지르는 물새들이
내 기억을 찍어 내리며
경이의 춤과 함께 목청을 늘이고 있다

이 뜰에
주문처럼 외워대는 평화의 숲이
너울대고
두엄자리 모서리엔
잡풀만 무성한 채 나부끼고 있다

이 강의 유역을 지나다
시골학교 정원에 서면
제일 먼저 누굴 만나게 될까

소꿉친구의 웃음소리가 새록대는 자리
나는 기억의 풍물을 울리면서
눈물과 같이 가슴 저려 오겠는데

그리운 것 만나게 될까
참하게 고운 시골의 정취
강물 갯벌과 어울리면서
우리들 시절의 삶이 넘나들까

막 강물 저 혼자의 시름으로
넘나들고 있다

매미의 울음

한 여름 포플러 그늘에 앉아
매미는 울어 댄다

원시의 저쪽 늪의 이야기
풀어 나르면서
원망의 그늘로부터 시작된
울음이 울어 댄다

하얗게 배인 세월의 둘레에
할퀸 채 묻어난
기이한 이야기 두고
도시의 한 여름 포플러 그늘에서
회한의 날을 두고 울어 댄다

우리들의 뒤란에 묻힌 가난한 것과 같이
우리들이 만지작거리는
숙명의 가드락 끼고
매미는 그렇게 울어 댄다

세월 가는데

반백의 고갯길 너머
세월은 가더이다
나는 무엇을 묻고
내 가슴에 어룽진 아픔을 일러
밖은 이슬비 내리어 있더이다
바람은 또 한 세월을 감아 조이고 있더이다

아마도 예전에 물레방아 돌아가듯
그렇게 지나는
세월인데
묶어 둔 정이 돋아 쌓였다 지고
그리움은 허공을 떠돌더이다
반백의 고개를 넘는 나의 자리에도
한 쪼각의 사랑은 남아
부대끼고 있더이다

그리움 두고 · 1

꽃물이
꽃길 어루고는

그 맑은 눈언저리
눈물을 얹고

초막에 멈춘 손님
옛 정을 묻는다

온 종일 허망한 노래
가슴 쓸어안고는…

그리움 두고 · 2

꼭 그런게 아니지만
친구의 웃음이 묻힌 거리가
왜 추울까

사랑이 가고
그 자리 괴춤 취며 뛰어 놀던
시절이 가고

친구의 옷매무새가 기억으로 되새겨져
바람에 젖어서 추운가

구름 몇 날 걸친 산이랑 돌아
물가에 서면
그 때에도 허상만 남아돌고

동그랗게 구르다가
끝내
산새의 울음만 남긴 자리

거기가
왜 추울까

그리움 두고 · 3

별이
숨을 쉬면서 창밖에 와 있을 때
그는 떠났다

봉숭아 연분홍 물들이며
서로 자랑하던
그는 어머니 손잡고 떠났다

우리들은 하늘을 보고 있었다
우리들은 하늘 밑에 누워서
세월 간 빈자릴 보고 있었다

우리들이 만나기로 한 것도 아닌데
기다려지는 곳
사시나무 여름 한낮을
흔들고 있을 때에도
우리들을 기다리고 있었다

가을 뜰의 반주

가을 뜰의 모서리에는
깨끗한 고요가 있고
작별의 숨결이 있다

가을 뜰의 모서리는
깨달음으로 오는 아픔이 있고
도란거리다가 떠나가는 이별이 있다

가을 뜰의 모서리에는
다 하지 못한 이야기의 반주가 있고
간곡한 날 사랑의 잔해가 남아있다

가을밤은 깊어 가는데
새가 울 듯
솟구쳐 오르는 잃어버린 세월의
반주가 있다

추억의 자리

나는 돌담을 끼고 돌면서
추억을 주우러 왔다

마른 담쟁이 넝쿨은 시름으로 떨고
시간은 숙명으로 낙수로 흐르면
저문 날
겨울의 설원 위에 지문 하나 얹어 놓고
나는 녹슨 세월을 주우러 왔다

낯선 거리 나지막이 여운은 남아
팔랑개비처럼 돌아나고
나는 명륜동 돌담 둘레에서
추억을 주우러 왔다

시간을 쫓아서

시간은 달려가고
빈 자리
꽃은 바람을 불러 향기를 나르고 있다

그리움이 겹겹이 채워져 있어
도란거리기도 하고

시간이 간 자리
희긋희긋 접힌 정 때문에
지워지지 않는 기억을 이루고 있다

까맣게 그을린
온 종일을 지켜보아도 타고 남은 사랑이
허수아비처럼 버티고 와서
나는 아주 먼 구름 속에 묻힌
향기를 쫓아 기웃거리고 있다

메마른 나무의 빛은

저 구름이 걷히면 봄이 올까
겨울나무는 잎도 푸른 꿈도 갖고 있어
황량한 뜰 가운데서
버티고 있다
아마 마지막 뿌리고 있는
허망한 눈물일지 모르지만

시린 손목에는 동사 직전에 있는 나무가
깃털 하나씩 모을지 모른다

산 고개 너머로 구름 지나면
텃밭 둘레 탱자나무 잎이나
가지에 파란 빛으로 돋은
봄은 다가설지 모른다

끝내 풀리지 않는 묻힌 인연이
환상을 그을린 채 돋을지도 모른다

바램

살면서 바램을 가꾸는 것은
세상의 아름다움을 가꾸는 것과 같다
귤빛 향긋한 내음이 피부에 배여
향기로운 것은
삶의 가장 아름다움과 같은 감미로움이다

아름다운 것은
끝내 그리움으로 다져지는 것이지만
노오란 색조의 빛살
남아서 떠돌 때
삶은 거기서 안식의 노래를 부르게 된다

만남의 자리는 비로소 그리움으로 출렁거리고
뿌듯이 돋은 향기로움은
바램의 울안에 있다

과향과 같은 냄새

숲을 끼고 도는 바람은
언제나 과향 냄새가 난다

한꺼번에 몰아치는 강바람과
맞닿으면서
우리들이 자주 부르는 이름 속에서
향기를 쏟아내고 있다

한번쯤 부르고 싶은 이름은
햇살이거나
그런 유형에 의해 그을리면서
정이 묻은 골짜기에 이르러
환각의 춤으로 빛나고 있다

꼭 맞잡아 두어야 할
우리들 만남의 자리에서
자주 과향과 같은 냄새를 낸다

파종

손안에 주어진 몇 낱의 씨앗을
두렁마다 꽂고 있다

노동의 땀과 더불어 삶을 칸칸이 묻고
만날 수밖에 없는
우리들의 양식을 주문하고 있다

바람이 뜨락 한 중간을 오르내리며
흙의 체온에 스며들면
삶의 경작지에 서서
우리들의 꿈도 주문하고 있다

꼭 그래야 할 것 같아
햇살이 웃음처럼 넘나드는 언덕에서
할퀴고 지나간 세월을 물으면서

나는 한 알의 씨앗을
한 뼘의 땅에 묻고 있다

삶의 상처

내 삶을 뒤적여 보지만
남는 건 비웃음뿐이다

한 바퀴
또 한 바퀴를 돌리어 보지만
아픔은 빙하처럼 굳게 쌓이고
끝내는 조작의 틈바구니에서
비겁한 삶의 흔적에
아픔만 짓눌리고 있다

가을 나무 등걸사이에 버섯처럼
움이 돋은
삶의 상심이 발처럼 엮어지고
흠집만 남은
내 삶의 연치가
문틈의 바람처럼 떨고 있다

그렇게 황망한 내 울안의 삶이
얼기설기 얽힌 흔적만 나뒹굴고 있다

정이 패인 자리

내 고향의 길목에 서면
기억이 되뇌이고
정 묻었던 길이 되뇌이고
사랑은 패인 채 돌멩이처럼 굴러다닌다

어느 시절의 이야기가 안방에 남아
또 구르면서
바람처럼 나부끼는데
기억은 한 겨울 내린 서리처럼 하얗다

여기서 누구와 같이 지난날
도란거리는 꿈을 낚아 챌 수 있을까
눈물은 몸살처럼 시름시름 내리고
흘러 보낸 수십 해 세월 간 자리에
바람은 차가운 몸짓을 한다

오랜 날의 기억이 넉넉한 꿈을 줍기에는
너무 패어서

나는 고향 길목의 때 묻은 세월을
배겨낼 힘을 잃고 있다

어시장에서

어시장에 가면
생선 비린내와 같이 사람냄새가 난다

움츠린 가난이 소리치고
정차장에 와서 삶을 물어가고
삶이 있어 질척거리고
마음도 젖어 녹아내리는 것

푸른 깃을 댄 바닷바람이
갈매기 날갯짓 소리를 내고
삶으로 물어대는 바다의 풍경
다사로이 돋아나고 있다

물보라 흐늘대는 어시장에
조금씩 포개 놓은 꿈의 자락
닻을 내린 바닷바람 앞에서
소리치고 달려온 고기비늘의 냄새

시장의 사람들이 비늘냄새에 취해있다

낙엽 하나가

늦가을 낙엽 하나가 물 위에 떠서
종이배처럼
그리운 사람을 태우고 논다

미세한 물의 진동이 일 때에도
물속에 묻혔다가
다시 종이배처럼 떠오르면서
그리운 사람과 같이 논다

낙엽하나가
끝내는 수평으로 흐르는 물줄기 따라
가다가 혼절하면서
사랑의 풍경을 울리고는
이별의 기억을 숨죽이면서 늘어놓고
그리움을 태우고 간다

찾기로 하자

찾을 수 있는 일이라면
찾기로 하자
설사 장애물로 부딪침이 있더라도
초조와 불안을 떨치면서
찾기로 하자

숙명은 삶을 개척하는 통로인 것인즉
변화의 물꼬를 트고
끝나지 않는 안부를 위해 달려야 한다

푸른 하늘과 맞잡아 승천하듯이
숨이 가쁘면 어루면서
정직한 시선을 가져야 한다

찾을 수 있는 일이라면
스스로 삶을 헤아려
빛의 이랑을 따라
그 기류의 비상을 위해
찾아 나서야 한다

제3부

바다가 맞닿은 강가에서

먹구름 속에서

천천히 밀리어 오더니
구름은
바닷물 위에서 천둥을 부르고
비수처럼 번쩍이는 번개를 부르고 있어서
비의 무게에 눌린 갈매기
움츠리면서 울어대고 있다

까맣게 그을린 물 깃은
파도 속에 묻혀
마치 충혈된 몸동작으로 아우성치고
세상을 호령이라도 하듯
분노의 물 깃을 솟구쳐 오르고 있다

출항을 서둘던 배는 끝내 정박하고
파도에 시달리면서
숨죽인 채 선착한 자리
요동치는 물빛 따라
바람은 시샘을 강요하고 있다

세월 앞에서

줄무늬 그어놓고
녹슨 채
화석이 된
세월

그 세월 앞에 서 있습니다

앵두나무 키워낸 시절과
미루나무 가지 끝에
까치가 앉아 울어 주던 시절과

뒷동산 놀이터에
우리들의 이야기 묻어난
전설처럼 치장한 놀이와

이른 아침 풀잎에 이슬 앉은
자리에서
내 옷자락 적신

그리움의 시절과

그 모두가 가속으로 달리어
가버린
세월 앞에 와 서성이고 있습니다

꽃길 연가

꽃길에 가면
꽃은
사랑의 인상처럼 박혀
사랑으로써 향기를 내고
삶으로써 정을 나른다

건질 수 있는 것
빛을 띄워
푸른 의상으로 나부끼고

꽃길에 가면
유실된 세월이 논두렁에 갇혔다

사랑을 두고 눈물 나도록
빛의 갈기갈기
푸른 약동으로 사무친다

그리움이 있는 곳

외로울 때는
마루 끝에 앉아 그리움을 낚으면 된다
달빛이 걸려올 때
달빛이 그려주는 풍경을 띄우고
자장가처럼
아이 적에 울타리 둘레의 봉선화
꽃빛에 취해보면 된다

세월은 가도
정은 남아 돌아올 때
정의 이랑에서 사랑에 취해
외로운 날을 두고 부르면 된다
목마른 영혼은
나의 세상 쪽 향기를 모으고
나는 내 그리움의 마루에서
그리움을 낚으면 된다

가을바람과 시

바람은
사람이 꿈꿀 수 있는 모든 걸 알고는
가을 뜰을 어루만지고 있다

때로는 찢기어 나부끼는 삶의 부스러기까지
응시하면서
논 가운데 허수아비의 어깨를 두들기면서
여린 피리소리처럼 나부끼고 있다

메뚜기 뛰어놀고
쓰르라미 울어대는 텃논가의
가을저녁 노을과 같이
바람은 그 붉은 빛살과 어울리고

벼 포기 끝에 벼이삭 자라는 자리에서
잔잔한 숨결과 같이
떨면서
바람은 다소곳 춤으로도 너울대고 있다

바다가 맞닿은 강가에서

강변에 이르렀을 때
물은 탁류로 굽이치고
물고기 떼지어 높이 뛰어오르는 동안
우리들의 유년이 구름이거나
바람에 걸쳐 떠다니고 있다

까맣게 타들어간 물의 골짜기에서
우리가 가두어 둔 이야기가
정으로도 범람하는 동안
어선은 새떼를 몰고
바람을 몰고
세월을 몰고
옛날의 이야기 싣고
떠가고 있다

개울물과 강물이 합류하면서
자란
우리들의 텃밭의 자리에 와서

몸살을 해 왔거나
시름시름 앓아왔거나
잡풀을 불러 들여 외로움도 떨고 있다

바다와 맞잡아 흐르는 만경강
물기슭이 세월의 굽이처럼 넘치고 있다

꽃길에 서서

꽃은
바람 가지에 걸려 놀 때
찬란한 빛을 내게 된다

가장 친절한 사랑을 묻고
사랑으로 어울리는
아스라한 숨결과

꽃은
연초록 삶의 무늬를 걸어 놓고
바람 가지에 얼리면서
자주 어루만지는 향기로 웃게 된다

파장처럼
놀라운 몸짓처럼
우리들 가장 가까운 거리에서
자분대는 눈빛으로 정을 준다

파도치는 것

구름 위로 떠도는 것은
바람이 아니라
고향을 물어 나르는 파도였다

잃어버린 것
아파해서 통곡하고
온갖 삶 뒤엉켜서 소리치고
슬프기 짝이 없는 그리움 안고
넘치는 파도였다

바다가 낚싯대 던지우고
뭘 낚을까
잔물의 거품처럼 부풀어 오른
소리 위에서
물새가 울게 되면
상심에 찬 이야기 듣고
물은 폭음하고

한꺼번에 몰아치면서 밀리는
그것은 고향을 물어 온 파도였다

물안개

아침 호수 위로 피어오르는
물안개
신선의 자리와 같다

안개처럼
묻혀있는 비밀의 숨결처럼
물안개 피어오르면
꽃은
제 자리에서 웃고

바람이라도 불라치면
물안개
꽃의 향기와 같이
아침 호수 위로 피어오른다

물안개의 피어오름이
나비의 춤과 같다

무정열차

소롯이 피고
지고
왜소한 세월 간다

꿈꾸던 산길엔가
산 까치
울음 간다

저 달이
전하는 말 듣고
문간방을 서성이면

흐느낌도
긴 아쉬움도 남긴 건 아픔인데

물장구가 삶을 나르는
둠벙가
뒤척이는 바람
제 시름을 안고 간다

폭포 앞에서

수맥으로 돋은 물기
수직의 숨결로 간추리자

잘 짜여진 색감으로
소리쳐
파고쳐 흐르다가

두드리고
끝내 비상하는데
속살 하얗게 밴
저 마지막 쏟는 줄기

전설로 지피고
나르는 삶도 묻고
용해된 물그림자

이별의 창

노을은 바람이 부는 쪽에서부터
밤으로 밀리어 간다
사금파리에서 빛살을 긁어모으다가
바람과 같이
끝내는 빛살을 잃고
밤으로 밀리면서
사랑은 그리움으로 흐느끼고 있다

뭐가 아쉬운지
명상의 지렛대를 얹혀 놓고
메마른 채 매달린 감나무 이파리 바람에 흔들리듯
간곡한 이야기 움켜쥐고
사랑은 그리움으로 덧나고 있다

노을 비껴간 자리
밤별이 뜰 때까지 보이지 않는 곳의
사랑을 부르면서
꽃처럼 뜨거운 속삭임을 아끼면서
나는 밤을 맞고 있다

꽃씨 하나의 숨결

비가 온 뒤뜰에
꽃씨 하나가
기지개를 펴고 있다

바람을 맞으며
마른 땅
묻혔다가
숨 쉬는 몸짓인데

허망한 날 잊으면서
기적같이
삶의 아우성같이
한 줄기 삶의 내력을 걸치고

목숨 두고
뜰을 가꾸는 꽃씨 하나가
환상의 서시를 쓴다

거목 하나가

청록의 거목 하나가 부유한 몸짓으로
산길을 키우고 있다

삶의 훈련을 거듭한 세월 앞세우면서
떠오를 수 있는 기억을 붙잡고
설화와 같은 아득한 날의 이야기로부터
모두를 어루면서
거목은 꿈의 의상으로 나부끼고 있다

결코 땅의 운행은 온전한 자리에서
생활을 가꾸고
푸른 숲
푸른 하늘과 더불어
거목은 산과 마을과 그 통로에서
꿈을 일러오고 있다

저무는 날의 반추

노을은 홰울음 하면서
떨려 오는 것이
여간 기막히지 않다

모든 걸 추스르야 하는데
떨쳐버리고
빈 바람만 떠도는 자리에서
타오르기만 한다

아쉬운 것 헤아려서 무엇할까만
훌렁훌렁 벗어버린
삶의 허상만 엿가락처럼 늘어나고

해가 지면서 분명히 추락하는
이 허망한 행로
끝내 참담히 매달리는 잃어버린 자리에
상심만 늘어나 있다

우리들의 우울한 현실

보일 듯 싶지만
끝내 잡혀질 기색이 없는
이 삭막한 현실 앞에서
우리는 소리쳐야 하는가

뚜욱 뚝 영혼의 먹피가 흘러내리고
억겁의 아픔을 휘어 차면서
아픔을 토해내야 하는가

다 미쳐가는 세상에
반듯한 얼굴을 할 수 있겠는가
사랑도 반드시 와 있어야 하는데
사위어 가는 시대의 오류
삶의 피부에 달라붙고 있다

늘 별이 총총한 밤이면 싶은데
모질게 몰아치는 바람
우리들 시대의 울분은
늘 밤으로 와 있다

그리움의 노래

내 그리움의 노래는
출렁이는 삶의 속박으로부터 시작된다

때로는 연민에 사무치고
때로는 그것들이 휴지처럼 나뒹굴면서
시름으로 차올라
바람처럼 떨게 된다

연둣빛 세월이 그리울 때에도
맨드라미 붉게 타오르는 장독대
뒤란의 그림자 드리운 자리에서
뱁새의 지적임처럼
떨게 된다

밤인데
울부짖듯 억새 한 자락
자명고의 울림처럼
피가 배어들어

내 그리움의 노래는
절망으로 번진 유행처럼 병앓이가 시작 된다

시절 가는 곳에서

시절이 가고 있다
소롯이
밤꽃 향 지피더니
그리움 두고 산 고개 넘고 있다

산딸기 따면서 놀자했던 시절이
그리움만 던져 놓고 가고
달이
복숭아 익어 오른 모습으로 떠 있으면
옛 이야기 불러 놓고 간다

천변에 달이 가면
바람 따라 가면서
낯선 길 걸어가면 기억되게
표시의 물건 퍼뜨리듯
빈자리 정으로 묻어
바람이 흐느낀 것 같다

원래 동행할 인연은 머물지 않고 가고
시절이 간다
뒤적이면서 웅크린 채 그리움이 핀다

사금파리 하나

사금파리 하나 가지런히 다듬어
땅뺏기를 했다

동네의 아이들과 마당에 둥근 원을 그어 놓고
너와 내가 빼앗은 땅
그렇게 우리들은 동행의 삶을 가꾸었다

세월은 가고 사랑을 불러
그리움만 남긴
넉넉한 우리들의 사랑을 모은
숙명의 자리만 남아있다

갈수록 질퍽거리는 세월
어디쯤 흘러가 있을까
움츠리면 먼 날을 두고
빈 하늘을 우러러 보고 있을까

사금파리 하나 마을 어귀에서
햇살에 젖어 반짝이고 있다

그 사람은

눈 감고 보면
꼭 만나야 할
그 사람은 까맣게 그을린 채
웃고 있었습니다

노을이라도 붉게 타오르는 저녁이면
나막신 끌듯
자근거리는 소리를 하면서
그 사람은
내 집 문 앞에 와 있었습니다

삶이 늘 그리움을 끌고 있듯이
풀꽃 잎 지핀 자리
그리도 간곡한 생각을 몸에 감고
그 사람은
언제나 내 곁에 와 서성이고 있었습니다

눈 감고 보면

바람엔 듯 설레는 빈자리에
그 사람은 언제나 와 있습니다

제 4 부

산에 오르며

차 한 잔의 그리움 · 1

차 한 잔의 그리움을 올려놓고
빗물 스미는 차창을 바라보고 있습니다
눈물 한 두름 띄우고 앉아
내 이야기의 환상을 키워 넣고 있습니다

타오르는 것
열화처럼 뜨겁게 타오르는 것

오늘처럼 비 내리는 날이면
동무할 사람이 간절하겠지만
차 한 잔의 무심을 담아도 좋고
무지한 날의 이야기를 실타래 풀듯
풀어내는 기억도 담아 좋고
그리하여 마지막으로 사모해야 할
사랑을 부르면서 시름에 젖어도 좋겠습니다

차 한 잔의 그리움 · 2

차 한 잔의 입김에 끼인
세월을 불러 보면서
우리들의 놀이를 맞이하고 싶다

창유리에 묻어나는 그리움은
찻잔에 젖어 얼리고
시간의 내란을 맞은 나는
저녁노을을 불러 놓고 있다

언제나 타오르는 사랑 앞에서
내 의식은 더듬거리고
끝내 문틈으로 스며드는 바람처럼
나의 그리움은 지칠 줄 모르고
흐느끼고 있다

물이 흘러서 어디론가 가고 있듯이
지나간 날을 그렇게 부르지만
자취만 남아 무성하듯이

나는 그토록 간곡한 사념을
차 한 잔의 입김에 올려놓고 있다

사랑은 눈물로 빛난다

눈물을 앞세워 우긴다고
사랑이 고운 것 아닌데
눈물 뒤에
사랑은 꽃으로 빛난다

사랑이 예쁘다 해서
행복한 게 아닌데
눈물을 가꾸고 기른 뒤에야
얇은 미소로 빛난다

눈물은
사랑으로 고운 걸 고르고
사랑의 분비물 거르면서 빛난다

목련

그 잎새 핏기까지 거두고
게으른 채 조는 것이
봄날 양지녘의 졸음과 같다

바람에도 강아지 꼬리 흔들 듯
흔들어 대면
하얀 꽃
나부끼듯 사랑을 나르는 게
무심한 몸짓 둔 것과 같다

종이꽃 접어 고이 간직하듯
빳빳한 몸매가
상심의 빛살을 가꾸는 것 같다

샘물 앞에서

어느 산굽이의 샘물이 고인다 해서
가 보았더니
우물가 둘레로 성근 풀잎이
바람과 같이 놀더라

한 여름의 체온을 닦아 내리는 샘물이
몇 자씩 자라는 풀잎을 둘러 놓더라

산자락 쓸어내리는 산 메아리
구성지게 지피고
먼 시선으로 산새 지저귐이
사뭇 고운데

어느 산굽이 샘물이 고운 자리
잃어버린 시절의 풍물이
속절없이 흘러내리더라

까치가 운다

미루나무 그늘로 가 보면
까치가 운다
고향의 안부를 두고 울고
유년의 꿈을 실어 나르면서 운다

저문 날 해질녘 노을 지핀 자리
그리움 묻어 놓고
발가벗겨 놓은 세월이 아파
까치가 운다

가난도 정으로 맞은 마음 어루며
내 살던 날의 이야기
물비늘처럼 튕겨나고
나방이 문 앞을 드나드는
그런 시절
미루나무 그늘로 가
내가 부르면
그때에도 까치가 운다

밤

별이 돋는 날만
그리움의 밤이더냐
쉬임없이 쏟아지는 그리움이
엄습할 때만이
밤이라 하더냐

가녀린 은사시
젖어
나부끼듯이
사랑은 가고
바람은 제 홀로 떠돌아서
산자락에 걸렸는데

아마 아득히 먼 이야기 부르면서
별을 기다릴꺼니
그것이 그리움의 밤이여도

바람 분다

바람 분다

철 따라 들려주는 이야기를
풀어내면서
우리들 꿈의 이랑에 묻힌 전설을 어루면
언제나 창밖에 서성이는
나의 고단한 몸짓

저 멀리 수평선 끝까지
눈 여겨 보면
몽글몽글 돋아 오는 것
노래인데
사랑의 숨결인데

누가 소리 없이 와서
흐느껴 울듯
끝내 바람 분다

만남의 강

떠돌다가
누가 부를 것 같아
만남의 자리에 와 있습니다

강기슭
오래 가두어 둔 풀이파리
다닥하게
숨 쉴 그 사랑의 자리에 와 있습니다

얼룩진 이야기 풀섶에 무늬 띄우고
긴요한 이야기는
풀이 밴 자리에 떠돌겠고

그런 까닭에 밤별이 돋아
떠도는 날
나는 만남의 자리에 와 있습니다

강나루 건너서

그 꿈의 밭에 머무는
기억을 급히 불러 세우고는
강 이랑에 와 있습니다

겨울밭 소묘

까마귀 떼
겨울 들판을 쓴다
바람과 같이
계절의 풍속과 같이
백야의 뜰을 쓸다가
달리는 차의 소음에 놀라
까마귀는 떼지어 어디론가 날아간다

바람은 칼날같이 휙휙 거리면
눈보라 산산대고
우리들의 기억된 시절 지피면서
한 겨울의 풍광이 눈물겹다

빈 들판을 가꾸는 파란 보리밭에
꿈은 젖어나고
지나간 날의 이야기 휘파람 소리처럼
다가서면서
겨울의 뜰은 아마 풍성하다

난초는

난초 잎은
총명한 눈짓을 한다

아픔을 숨기면서
기상의 빛살을 띄우면서
초연한 눈빛을 한다

어머니의 가슴에 담은 사랑의 질감을
휘감아 도타운 숨결을 갖게 한다

맑은 것
그 청초한 빛으로 비상을 한다

아이야

아이야
놀러가지 않으렴

냇가 맑은 물 흐르고
바람이 모랫길 거니는
물고기 놀아대는 곳

오래전 이야기
솟구치는데

아이야
꽃비 맞으면서
웃음 풀어 나르는
물가에 놀러 가지 않으렴

강변에서

만경 갯벌 휘감은 물빛 따라
구름이 와서
몽롱한 몸짓을 하고

낮달이 흔적을 좇아
외로이 떠도는 자리
뭐가 그리워서
물은 파도 소리 내면서
출렁이고

그리움의 난간 꼭지 위에서
사무친 것
한 아름 안고
긴 아픔을 토하고

바람 따라 나서면
살아온 세월
질퍽하게 절어 서걱이는 곳

만경 갯벌 위로
구름은 뭉룽한 채 지나고 있다

술래잡기

가을인데
휴일의 뜰은 풍장을 울리면서
산과
뜰을
바람은 술래잡기 하고 있다

우리들 삶의 이랑마다 꽂힌
안식의 노래는
벼이삭 노랗게 타오르는 시선 위에서
시작되고 있다

가을에 혼불 태우면서
끝내 소리쳐 부르는데
천천히
혹은 빠르게 뜨락의 먼 시선을 두고
한 노인은 지그시 눈 감고 있다

매화와 눈꽃

산을 돌아오는 길에
매화 한그루
눈 맞으며 피워대는 걸 본다

눈송이 헤집고는
눈웃음으로 정담을 나누고는
바람가지 끝에선가
향기 나누어 주고 있다

그 향기 얼마나 맑은 몸짓으로
이야기로 나부끼고 있는가
사랑의 울타리 쪽으로 눈짓 나누면서
얼마나 많은 사랑을 노래하는가

매화 한 그루
수줍은 몸짓 하나 다소곳
미소 짓는데
나는 매화와 눈꽃의 이야기 듣고 있다

겨울의 뜨락에서

겨울 까마귀 울고 간
빈 자리
눈은 와 쌓이고

보리밭 골 파아란 잎새
눈밭에서 젖어
때로는 시들한 채
때로는 약동의 몸짓인 채
불현듯 바람 한 움큼 엉클어져
논바닥에서 뒹굴면
삭풍은 옛 일을 끄집고 와
뜰에 쏟고

겨울 까마귀 날갯짓 하며
서럽게 떠난 자리
눈 속에 묻힌 추억은 싸늘하게
피어오르고 있다

산에 오르며

바람일까
와서 묻는 삶의 찌꺼기일까

쌓인 것
정인데
그리움 가을 잎처럼 널려서 떨고

바람이 일고 있을까

환희의 울안을 쓸어대는
허상처럼 배인
상심
막 비가 내리는데

무던히도 갈급된 세월이
산타령 하고
산에서
산꿩처럼 운다

인동초

누구네 울타리엔가
인동꽃 수런거리면서
생각의 갈피에 끼어들고 있더라

환상처럼 나부끼면서
한 그루 꽃나무 제 시름에 차오르며
한 겨울의 삶 들쳐대더라

누가 손 벌려 끌어안을까
누가 그 붉은 꽃 이파리
어루만지면서
고단한 산하를 응시할까

한 세월 가고 저문 날의 뒤란에
피고 돋은
저 꽃의 타오름

입동의 꽃 이파리 피는 계절은
끝내 겨울이 아니다

누가 와 있다 하는가

마른 잎이 눈발을 맞아
다소곳 숨죽이면
풍설에 젖어 떠도는 이야기
나는 시골 마을 어귀에 들어서고 있다

산능선 따라서
가물거리는 시선 밖에
어쩌면 꼭 젖은
우리들 약속의 둘레

무엇이 비정하게 울부짖고 있는가
무엇이 있어서
까닭 모르게 서글퍼 하고 있는가

나는 한참동안
그리움의 꽃밭에 빠져
누가 올까
그 길목을 지키고 있다

빈 자리의 고향

모두가 그리움을 두고
떠난 자리
무엇이 남아 떠도는가

바람처럼
시샘에 차 얽힌 칡넝쿨처럼
사연이사 굽이쳐
돌아오는데

타다 남은 불빛
시들한 채
정 두고
그리움 두고 오열에 차오르는가

엊그제 나눈 이야기
노래로도
슬픈 눈빛을 키우고

밤의 정적만 두고
떠난 자리
무엇이 여명으로 타오를까

고향은 남아 있어서 외롭다

| 작품해설 |

찾기 위해 버리는 고향

- 유나영 시집 『만남의 강』

김 옥 전 | 시인, 문학평론가

| 작품해설 |

찾기 위해 버리는 고향

- 유나영 시집 『만남의 강』

김 옥 전 | 시인, 문학평론가

쉘 실버스타인의 『어디로 갔을까 나의 한쪽은』에는 이가 빠진 동그라미 원이 잃어버린 자신의 한쪽을 찾아가는 과정이 간단하고 짧게 그려져 있다. 하지만 그 내용의 깊이와 깨달음은 그 어느 철학서적보다 큰 것이어서 두고두고 그 의미를 성찰하게 된다. 인간은 무엇인가를 찾기 위해 인생을 산다는 사실과, 그러나 찾고 나면 그것을 다시 잃어버려야 한다는 사실을 깨닫는 역설적 상황 앞에서 '존재' 에 대한 의미를 다시 한 번 되돌아보게 되기 때문이다.

시인이란 늘 무엇인가를 찾는 존재이다. 윤동주 시인

의 시 「길」에서처럼 '잃어버린 것' 이 있든 없든 혹은, 그것이 무엇인지 알든 알지 못하든 운명처럼 무언가를 찾는다. 그러므로 시인에게 시 쓰기란 무언가를 찾아 가는 과정이며 그 과정에서 쉘 실바스타인의 책에서 말하듯 자신이 찾는 실체가 곧 '본질적 자아' 라는 것을 알게 된다. 그리고 그것을 잃어버려야 한다는 것도 알게 된다. 시인은 그래서 비극적이다.

그런 면에서 유나영 시인의 시집 『만남의 강』 역시 '그리움' 이라는 대상의 근원을 찾기 위해 떠나고 돌아오는 과정을 비극적으로 그려놓았다고 볼 수 있다. 그러나 그 비극은 욕망을 이룰 수 없기에 느끼는 원초적인 비극이 아니라 '아리스토텔레스' 가 『시학』에서 말한 대로 인간존재의 결핍과 불행을 전제로 인정한 자들의 비극이다. 유나영 시인은 비극을 피하거나 굴복하지 않고 비극을 직시하고 대변하려 한다.

유나영 시인은 무엇을 '찾기' 위해 끊임없이 방황한다. 그러한 시인의 모습은 '~에서' 라는 부사의 잦은 활용으로 강조된다. '~에서' 는 처소격 부사로서 시인이 그만큼 많은 곳을 헤매고 다녔음을 의미한다. 같은 시어를 되풀이 하면 시를 식상하게 한다는 기교 따위를 과감히 무시할 정도로, 심지어 그것들을 시를 집약하는 제목에 사용할 정도로 시인이 간절하게 찾고자 했던 것은 과연 무엇일까.

1. 고향이라는 이름의 길에서

어느 폐가 마루 밑에
짝 잃은 고무신 한 짝이
먼지와 함께
지나간 세월을 끌어안고 있다

분명 한 시절을 담은 찌꺼기일 텐데
고모가 아껴 왔던 고무신일까
고샅길 둘러 왔다 아껴 벗어 놓은
고무신
먼지에 묻혀서 쥐의 보금자리가 되었을까

아무렇지도 않게 시절을 묻으며
고무신은 녹슨 세월을 껴안았고
사립 밖 몇 그루 거목이 널브러진
폐가의 문전은
사람의 숨결을 잃은 지 오래인데
깔따구가 저녁놀 타고 몰리어 들고
밀쳐진 마루 귀밑머리에
고무신 한 짝이 무심으로 놓여 있다

- 「폐가에서」 전문

시인은 1부 「고향의 자리」에서부터 '찾기'를 시작한다. 고향은 일반적으로 개인이 태어나고 성장한 곳이며 본능적으로 죽음 앞에 설 때쯤이면 돌아가고 싶어 하는 곳이다. 존재의 시작이며 존재를 마무리 하고 싶은 '고향'에서 시인은 '폐가'로 지칭되는 공간에 선다. '고향'이 생의 본래적 의미를 찾는 공간이라면 '폐가'는 시인이 찾고자 하는 생의 본래적 의미를 더욱 구체적으로 형상화 하는 공간이라 할 수 있다. 시인은 여기서 '고무신'을 발견한다. '지나간 세월을 끓어안고' 있는 고무신은 '고샅길 둘러 왔다 아껴 벗어 놓은' '고모가 아껴 왔던 고무신'이다. 고모란 시인과 혈연적 동질성을 획득하고 있는 대상으로 '고모'와 '시인'은 공감대를 형성하고 있다고 볼 수 있다.

여기서 주목할 것은, 고모가 벗어놓은 고무신에 대한 객관적 묘사이다. '아무렇지도 않게 시절을 묻으며' '녹슨 세월을 껴안았고' 라든가 '고무신 한 짝이 무심으로 놓여 있다'는 마지막 행의 묘사 등을 통해 볼 때 고모에 대한 개인적인 연민이나 감정을 버리고 건조한 문체로 서술하고 있음을 알 수 있다. 이러한 객관성은 곧 시인이 대상과의 거리를 유지함으로써 대상을 조망하고 있다는 말이기도 하다. 이렇게 객관화 된 시편들이 시집에서 전체적으로 느껴지는 '비극'을 독자를 비롯한 모두의 감정으로 확대시키는 역할을 하고 있는 것이다.

시인은 또한 마지막 행에서 '고무신 한 짝이 무심으로 놓여있다' 고 말한다. 무심이란 아무 욕심이 없는 상태를 뜻한다. 무엇인가를 찾아 나선 시인은 '고향' 의 '폐가' 에서 고모의 삶이 집약된 '고무신' 을 발견한다. 그리고 그 '고무신에서 '무심' 을 찾아낸다. 아무 욕심 없는 상태, 그리하여 가장 귀하게 생각하여 '아껴 왔던' '고무신' 을 '먼지' 나 '쥐' 또는 '세월' 에게 내 주는 상태 즉, 자연에 동화되어 자연에게 자신을 내 주는 '무심' 의 태도가 바로 화자가 인생을 사는 태도와 연결된다고 볼 수 있다.

아무것도
그 무엇도 바라지 않는
거기가 내 고향이거니
사랑의 손으로 얼싸 안은
거기사 내 삶의 터이거니
아무 것을
묻지 않아도 정으로 사무치는 곳

밭두렁으로 열진 복사나무 끝으로
꽃피우고
바람이라도 어루면서 걷게 되면
지루하지 않는 사랑이 있다

시처럼 고운 정서 꿰 차고
득실거리는 물소리랑
돌멩이 구르는 자리
동화의 꽃도 피우는 곳

소록히 피어오르는 봄 너울의 향기
밭이랑으로 산딸기
오색 빛 무늬 띄워
정말 아무 것도 묻지 않고
그냥 좋아라 얼싸 안는 곳

한 번은 그 허물마저 되울리겠지
담 둘레 사철나무 한 두름
그리움 걸게 되고
그 무엇도 바라지 않지만
한 줌 사랑으로 지새우는 곳

-「고향의 자리」 전문

1부의 제목이기도 한 이 시는 1부의 맨 마지막에 배치되어있다. '고향의 자리' 에 이른 시인은 '아무것도/ 그 무엇도 바라지 않는/ 거기' 가 바로 '내 삶의 터' 라고 고백한다. 1부 내내 찾았던 고향의 실체가 드러나는 대목이다. 이곳은 '밭두렁' 이 있고 '꽃' 과 '바람' 이 있으며 '열진 복사나무' '물소리' '돌멩이' '산딸기' 등이 고스란히 남아있는, 자연 그대로인 자연친화적인 고향이다. 이 속에서 화자는 '시처럼 고운 정서 꿰 차고' 살고 싶고

'동화의 꽃도 피우' 면서 살고 싶어 한다. 그 이외에는 '아무것도' '바라지 않는' 다 즉, '무심' 의 화자에게 바라는 것이 있다면 '시처럼 고운 정서 꿰 차고' 살겠다는 바람이다. '시처럼 고운' 에서는 직유를 '동화의 꽃' 에서는 은유를 사용하여 고향이라는 추상적 관념을 구체적으로 묘사하여 표현하고 있는 것도 시의 맛을 더하는 요소라고 할 수 있다.

또한 시의 하단에 '정말 아무 것도 묻지 않고' 그냥 존재하기에 '얼싸 안는 곳' 이라고 표현되어 있다. 이는 '아무것도/ 그 무엇도 바라지 않는' 이라는 시행과 대응하면서 찾은 고향과 찾아갈 미래에 연속성을 갖게 한다. '아무것도' '바라지 않는' 거기가 '고향' 이었고 현재의 '삶의 터전' 이었으며 미래에는 '그리움 걸게 되' 는 곳이 되기 때문이다.

2. 그리운 것들과 공존하기

빈 집 울타리에
으름 한 그루의 넝쿨이 자라고 있었다
봄비를 맞으며
바람마저 맞으면서
꽃을 피우고

주인 잃은 집 으름넝쿨에 모여든
벌떼며
나비며
이 자리에 지나간 날의 이야기까지
울타리에 널어놓고 있었다
잡풀은 밭고랑에 넘치고
누가 뿌린 씨앗이었던지 모르는
으름 한 그루의 넝쿨에
봄은 싱그러이 피어오르고
봄밭의 햇살이 평화로이 지피고
빈 집 울타리에
으름 넝쿨이 꽃 피우면서 오르고 있었다

- 「빈 집 울타리」 전문

빈 집 울타리에서 '넝쿨' 이 자라고 있다. '넝쿨' 을 집요하게 관찰한 시인은 '한 그루의 넝쿨' 로 의미를 확장한다. '넝쿨' 줄기는 옆으로 뻗는 속성을 가지고 있다. 그런데 시인은 '넝쿨' 을 '한그루' 로 비유함으로써 위로도 뻗어나가는 속성을 추가한다. '한그루의 넝쿨' 이 되기까지 '넝쿨' 은 많은 시련을 겪어야만 했을 것이다. '얽매이는 삶' (「꽃길에 가자」)을 풀어내면서, '세월' 이 '신음' (「달은 간다」)을 토해 내면서 감내한 인생이 '한그루' 로 표현된 것이리라. 수평적 이동과 수직성 상승으로 공간을 확장 한 후 '넝쿨' 의 포용력은 배가될 수 있었고, 시인은 그렇게 확장된 '넝쿨' 속에서 가능한 많은 것들과 공존하려 한다.

'넝쿨' 은 강인하고 질긴 생명력을 소유하고 있다. 혼자가 아니라 함께하기에 더욱 그 의미가 돋보이는 넝쿨의 속성은 '그리움' '세월' '만남' 등 시인의 내면에서 자라고 있는 상념의 뿌리들을 함께 끌고 올라간다. '봄비를 맞으며/ 바람마저 맞으면서' 시련과 고통을 이겨내고 '꽃을 피우고' 야 마는 것이다. 그렇기 때문에 시인의 '빈 집' 은 결코 외롭지 않다. '벌떼며/ 나비' 뿐만 아니라 '누가 뿌린 씨앗이었는지 모르는' 것들까지 공존하는 것이 바로 '빈 집' 이다. 그곳은 '지나간 날의 이야기까지/ 울타리에 널어 놓' 을 정도로 '평화' 롭다. 이렇게 모두를 끌어안은 넝쿨은 이제 제 몸에도 꽃을 피우게 된다. '으름 넝쿨이 꽃 피우면서 오르고 있었다' 는 모든 대상들이 공존할 때 얻어지는 이상향일 것이며 시인이 추구하는 상태일 것이다.

눈 감고 보면
꼭 만나야 할
그 사람은 까맣게 그을린 채
웃고 있었습니다

노을이라도 붉게 타오르는 저녁이면
나막신 끌 듯
자근거리는 소리를 하면서

그 사람은
내 집 문 앞에 와 있었습니다

삶이 늘 그리움을 끌고 있듯이
풀꽃 잎 지핀 자리
그리도 간곡한 생각을 몸에 감고
그 사람은
언제나 내 곁에 와 서성이고 있었습니다

눈 감고 보면
바람엔 듯 설레는 빈자리에
그 사람은 언제나 와 있습니다

-「그 사람은」 전문

'빈 집' 은 모든 존재들이 화합하는 공간이다. 시인은 '빈 집' 에 '만날 수밖에 없는/ 우리들의 양식을 주문' (「파종」)하기도 하고 '녹슨 세월을' 줍거나 '추억을' (「추억의 자리」)주워 오기도 했을 것이다. 이것뿐이겠는가. 시인의 시집을 흐르는 온갖 자연물들까지도 불러 모아 '빈 집' 에서 공존하려 했을 것이다. 삶을 바라보는 시각이 인간에게만 국한되지 않고 자연과 세계를 포함하고 있는 시인이기에 '빈 집' 에는 우주가 함께 할 수 있는 것이다.

그러나 '빈 집' 에 들지 못하고 서성이고 있는 존재들도 있다. 시인이 '꼭 만나야 할' 사람인 '그 사람은' '내 집 문 앞에 와' 서 서성이고 있다. 그 뿐만이 아니다. 시인은 시집 내내 마음의 '빈 집' 을 마련하여 '고모' '손님' '친구' '어머니' 등을 초대한다. 그러나 그들은 쉽게 '빈 집' 에 깃들지 못한다. '초막에/ 멈춘 손님/ 옛 정을 묻는다' 거나 (「그리움 두고 · 1」) '친구의 웃음이 묻힌 자리가' 춥기만 하며 (「그리움 두고 · 2」) '봉숭아 연분홍 물들이며/ 서로 자랑하던/ 그는 어머니 손잡고 떠났' 거나 (「그리움 두고 · 3」)하였기 때문이다.

그들이 '빈 집' 에 깃들지 못한다 하여 그들이 부재하거나 그들과의 소통이 단절된 것은 아니다. '눈 감고 보면' 그는 '웃고 있었' 으며 '문 앞에 와 있었' 고 '언제나 와 있' 다는 고백에서 알 수 있듯이 눈을 감는 행위 즉 내면의 눈으로 보면 그들은 언제든 시인과 소통하고 있는 것이다. 결국 '빈 집' 이나 '눈 감고 보' 는 상태는 '무심' 의 경지와 일맥상통하는 의미를 지니고 있다고 볼 수 있다. 이렇게 '눈 감고 보' 는 행위를 수미상관으로 배열함으로써 시인은 늘 대상과 소통하고 있음을 강조한다.

한편 '삶이 늘 그리움을 끌고 있' 다는 확신이 있는 시인이기에 그리운 것들을 추억해 내는 동안 슬픔을 견딜 수 있었던 것인지도 모른다. '삶' 이 '그리움' 을 끌고 있다는 독백은 '삶' 에 대한 시인의 진지한 자세와 태도를 보여주는 부분이기도 하다. 포기하지 않는 삶의 지속성이 그리움을 가능하게 하는 것이며, 그렇게 절실한 사람이기에 '간곡한 생각' 을 '몸에 감고 있는' 대상을 연상해 낼 수 있었을 것이다. 뿐만 아니라, 수없는 갈등과 고통의 나날을 살아오면서도 동요되지 않고 강직하게 중심 잡게 했을 것이다.

3. '눈물' 과 '강' 이 만나는 '바다'

유나영 시인의 시를 관통하는 이미지 중 대표적인 것이 바로 '눈물' 에서 '강' 으로 곧 '바다' 로 이어지는 이른바 물의 상징성이다. 물은 삶과 죽음, 소멸과 재생, 등의 양면성과 함께 정화와 구원, 합일과 조화라는 상징성을 갖고 있다. 또한 그리움과 만남의 상징으로 표현되기도 한다. 이렇게 다양한 속성을 갖고 있는 물의 이미지들은 '바다' 라는 절대적 공간에 이르러서 완성된다.

시인이 무엇인가를 찾아가는 노정에는 '눈물' 이 함께 한다. '내 어린 시절' '나는 퍽 많이 울었다' 로 시작되어 '손에 잡힐 것이 있을까 싶어/ 끝없이 걸으면서 울었다' (「이런 일 저런 일」)로 마무리 될 만큼 '눈물' 은 시인의 삶에서 떼려야 뗄 수 없는 동반자 같은 존재이다. 이렇듯 '눈물' 이라는 매개는 화자의 정서를 주도하는 '슬픔' 을 '그리움' 의 이미지에 도달하게 하는 역할을 한다.

유나영 시인의 '그리움' 은 영원할 수밖에 없는 것들에 대한 그리움이다. '나는 여기서 영원한 걸/ 말하기 위한 것이 아니라/ 영원 할 수밖에 없는 그리움을 들고/ 눈물을 맑게 다듬고자 하는 것입니다' (「오래 묻어난 이야기」 1연) 라는 표현에서 알 수 있듯 시인은 '그리움' 은 '영원 할 수밖에 없' 음을 안다. 그러나 여기서 돋보이는 것은 '눈물' 을 '맑게 다듬고자 하는' 시인의 통찰력이다. 삶에 대한 오랜 성찰과 깊은 사유를 통해 만들어낸 진리는 '눈물' 을 '맑게 다듬' 을 수 있는 경지에 도달하게 한다. 앞서 언급한 것처럼 시는 비극이며 시인은 비극을 직시하고 극복하려는 행위임은 물론이고 비극을 '다듬어' 내기까지 하는 것이 바로 시인이 시를 멈출 수 없는 이유가 아닐까. 그 어떤 화려한 묘사나 장황한 시어의 사용보다도, 시적인 기교와 기술보다도 독자로 하여금 깊은 울림을 느끼게 하는 것은 시편에 녹아 흐르는 이러한 통찰력 때문인 것이다. 이러한 과정을 겪으면서 시인은 '바다' 즉, '정화와 구원' 의 물을 만나게 된다.

강변에 이르렀을 때
물은 탁류로 굽이치고
물고기 떼지어 높이 뛰어오르는 동안
우리들의 유년이 구름이거나
바람에 걸쳐 떠다니고 있다

까맣게 타들어간 물의 골짜기에서
우리가 가두어 둔 이야기가
정으로도 범람하는 동안
어선은 새떼를 몰고
바람을 몰고
세월을 몰고
옛날의 이야기 싣고
떠가고 있다

개울물과 강물이 합류하면서
자란
우리들의 텃밭의 자리에 와서
몸살을 해 왔거나
시름시름 앓아왔거나
잡풀을 불러 들여 외로움도 떨고 있다

바다와 맞잡아 흐르는 만경강
물기슭이 세월의 굽이처럼 넘치고 있다

-「바다가 맞닿은 강가에서」 전문

시인이 도달한 곳은 '강변' 이다. 강은 냇물과 냇물이 합류하는 곳이요, 바다 즉, 이상향이며 절대적 자유의 공간으로 이어지는 곳이다. 그러나 처음부터 강이 '바다' 로 이어지는 것은 아니다. '강변에 이르렀을 때/ 물은 탁류로 굽이치고' 있었던 것이다. '탁류濁流' 는 '황토 따위가 섞여 흘러가는 물' 이다. 지난한 삶을 살아오는 동안 시인은 '탁류' 에 휩쓸리기도 했을 것이며 죽을 만큼 고통스러운 경험을 했을 것이다. '그 물가를 돌아서면/ 내 어머니의 가난한 시절을 보고하고' (「들꽃 하나에서」)있던 '물' 이고 '아픔은 빙하처럼 굳게' (「삶의 상처」) 쌓여있는 '빙하' 이기도 했기에 '배겨낼 힘을 잃' (「정이 패인 자리」)고 절망하기도 했었던 물이다.

그러한 '탁류' 였기에 더욱 시인은 '우리들의 유년이 구름이거나/ 바람에 걸쳐 떠다니고 있' 는 모습을 그리워하게 되었을 것이다. '까맣게 타들어간 물의 골짜기' 라는 행을 통해서 시인의 녹록치 못한 삶의 무게가 어떠했을 지를 상상할 수 있다.

그러나 시인은 자신의 삶을 '가두어 둔' 채로 있기를 거부한다. '이야기가' '정으로도 범람' 하고 있다는 것은 시인의 내면이 이미 '정화' 되기 시작했다는 뜻이다. 이것이 바로 시인의 저력이며 시를 이끌어 나가는 힘이다. '정' 이 '범람' 하여 '탁류' 의 고통이 맑게 정화된 강에서 '어선' 은 '새때' 와 '바람' 과 '옛날의 이야기' 를 '싣고' 간다. 더 이상 '탁류' 가 아닌 '강' 에서 시인은 '바다' 를 만나는 것이다. '개울물과 강물이 합류' 하는 이곳을 '우리들의 텃밭의 자리' 로 마련한 시인은 '몸살을 해 왔거나/ 시름시름 앓아왔거나' 했었던 '잡풀을 불러들여' 놓는다. 이렇게 하여 합일과 조화의 공간 '바다' 가 완성되는 것이다. 극단적인 상황들과의 합일이 이루어지는 '바다' 의 상태는 '조화' 롭고 이상적으로 '굽이처럼 넘' 치게 되는 것이다.

4. 잃어버리기

떠돌다가
누가 부를 것 같아
만남의 자리에 와 있습니다

강기슭
오래 가두어 둔 풀이파리
다닥하게
숨 쉴 그 사랑의 자리에 와 있습니다

얼룩진 이야기 풀섶에 무늬 띄우고
긴요한 이야기는
풀이 밴 자리에 떠돌겠고

그런 까닭에 밤별이 돋아
떠도는 날
나는 만남의 자리에 와 있습니다

강나루 건너서
그 꿈의 밭에 머무는
기억을 급히 불러 세우고는
강 이랑에 와 있습니다

-「만남의 강」 전문

시인은 '떠돌'아 다니는 즉 찾아다니는 행위를 하다가 다시 '만남'이라는 절대적인 공간으로 돌아간다. '떠돌다가' '만남의 자리'로 돌아가곤 하는 행위의 공간이 '만남의 강'인 이유는 떠남과 돌아감 모두가 '강'에서 이루어지는 까닭이다. 또한 '바다'라는 완성된 공간에 도달하지 않고 버리고 비우는 삶을 선택했기 때문이다. 강에서는 '얼룩진 이야기'가 '풀섶에 무늬'로 승화되는가 하면 '긴요한 이야기'들은 '풀이 밴 자리에 떠'돈다. 마치 아무것도 중요하지 않은 듯 그러나 그 무엇도 허투루 버리지 못할 소중한 것이라는 듯 '강'에서는 삶을 통해 얻어진 모든 의미들이 대립적이지만 같은 무게로 존재하고 있다. 이렇게 결핍과 충만의 양가적 속성이 공존하는 강에서 시인은 버림과 채움의 인생을 발견한다.

이와 같은 시인의 사유는 각 연의 끝 행에서 돌아오는 행위의 반복으로도 형상화 된다. '밤별이 돋아/ 떠도는 날/ 만남의 자리에' 돌아오는가 하면 '사랑의 자리에 와' 있고, '만남의 자리에 와 있' 거나 '강 이랑에 와 있' 기를 반복한다. 즉 '만남의 강' 은 '만남' 을 목적으로 하는 것이 아니라 만남과 헤어짐 속에서 심미적 아름다움을 발견하는 것을 목적으로 한다는 것을 알 수 있다. '밤별이 돋' 은 완벽한 상태에서 '떠도는 날' 의 역설적 상황을 상상해 내는 시인이었기 때문에 '꿈의 밭에 머무는' 만족한 상태를 버리고 '기억을 급히 불러 세' 워 놓고는 또다시 결핍을 자처하게도 되었을 것이다.

마른 잎이 눈발을 맞아
다소곳 숨죽이면
풍설에 젖어 떠도는 이야기
나는 시골 마을 어귀에 들어서고 있다

산능선 따라서
가물거리는 시선 밖에
어쩌면 꼭 젖은
우리들 약속의 둘레

무엇이 비정하게 울부짖고 있는가
무엇이 있어서
까닭 모르게 서글퍼 하고 있는가

나는 한참 동안
그리움의 꽃밭에 빠져
누가 올까
그 길목을 지키고 있다

-「누가 와 있다 하는가」 전문

자신이 있었던 자리로 회귀하는 시인은 '시골 마을 어귀에 들어서고 있다' 이 자리는 '풍설에 젖어 떠도는 이야기' 가 있는 '그리움' 의 자리이다. 이 자리에서 시작되고 있는 '울부짖' 음이나 '서글' 픔은 이전의 그것들과는 다른 의미를 갖는다. 이전의 그것들이 방황을 의미했었다면, 앞으로의 그것들은 찾기 위해 스스로 버릴 줄 알게 된 시인이 '마른 잎' 으로 돌아가 '눈발을 맞아' 가며 다시금 자아를 만나려 노력하는 자기 성찰의 과정을 의미할 것이다.

시인이란 끝도 없고 답도 없는 '슬픈 천명' (윤동주 「쉽게 씌여진 시」)임을 알면서도 유나영 시인은 '그리움의 꽃밭에 빠져/ 누가 올까' 기대하면서 또다시 존재 찾기를 시작한다. 그 과정에서 '누가 와 있다 하는가' 라는 질문을 계속 던질 것이고, '무엇이 비정하게 울부짖고 있는가' 를 물을 것이다. 그리고 '까닭 모르게 서글퍼 하고 있' 는 이유에 대해서도 자문할 것이다. 그 고행의 길이 안타깝지만 어찌하겠는가. 그것이 시인이며 시의 길인 것을.

다만, '모두가' '떠난 자리' 에서 서성이면서 '타다 남은 불빛' 처럼 시들해지지 말기를 그리고 '오열' 에 오르고 '엊그제 나눈 이야기' 가 '슬픈 눈빛' 을 키우더라도 '여명' 으로 타오르기를 바랄 뿐이다. 시집 맨 마지막 시편인 「빈 자리의 고향」처럼, 더하여 맨 마지막 시행처럼 '남아 있어서 외로운' 고향에서 다 버리고 새롭게 시작하기를 바란다.

> 모두가 그리움을 두고
> 떠난 자리
> 무엇이 남아 떠도는가
>
> 바람처럼
> 시샘에 차 얽힌 칡넝쿨처럼
> 사연이사 굽이쳐
> 돌아오는데
>
> 타다 남은 불빛
> 시들한 채
> 정 두고
> 그리움 두고 오열에 차오르는가

엊그제 나눈 이야기
노래로도
슬픈 눈빛을 키우고

밤의 정적만 두고
떠난 자리
무엇이 여명으로 타오를까

고향은 남아 있어서 외롭다

- 「빈 자리의 고향」 전문